Reflexões Sobre o Fim dos Tempos

Luis Alexandre Ribeiro Branco

Primeira Edição

Verdade na Prática
Petrópolis
2014

Copyright

Copyright © 2014 Luis A R Branco

http://verdadenapratica.wordpress.com

contato@verdadenapratica.com

Todos os direitos reservados.

ISBN: 978-85-917425-1-6

Teologia | Escatologia

Índice

Revelações apocalípticas	1
Os sinais dos tempos	5
A grande tribulação	11
A vinda do Filho do Homem	23
O dia e a hora	33
Conclusão	43
Bibliografia	44
Autor	45
Obras Autor	46

Dedicatória

Dedico esta obra aos membros e congregados da Igreja Evangélica Baptista de Cascais que reuniu-se durante várias semanas desejos de ouvir a mensagem deste livro.

Apresentação

Escrever sobre a doutrina das últimas coisas não é uma tarefa fácil, dado as mais variadas posições teológicas, no entanto, ao escrever este ensaio procurei focalizar naquilo que compreendi ser de maior importância, deixando de lado questões teologicamente controversas optando por informar muito mais que discutir ou defender qualquer posição. Se você procura por algo mais abrangente e que trate de forma mais profunda a complexidade deste tema, há livros mais apropriados, no entanto, se deseja uma informação lúcida, clara, sintetizada e ao mesmo tempo de profunda relevância sobre o tema, este livro é para você.

Revelações apocalípticas

Em nossa reflexão sobre "os sinais dos tempos" precisaremos de antemão entender alguns princípios sobre a interpretação daquilo que podemos chamar de "as últimas coisas". Só uma compreensão clara sobre "por onde começar" é que seremos capazes de compreender melhor "como será o fim".

Quando falamos sobre "o fim" ou sobre "as últimas coisas", somos levados imediatamente ao livro do Apocalipse e a medida em que caminhamos uma mistura de pensamentos nos vem a mente e logo vemo-nos absorvidos por confusão, frustração e medo. Lembro-me de um tia, com a qual podíamos falar sobre qualquer passagem bíblica, menos o Apocalipse, pois segundo ela era um misto de inexplicáveis sentimentos. No entanto, isto acontece porque fazemos uso de forma errada deste livro.

Embora são seja este o livro básico da nossa meditação, acredito ser importante vermos alguns erros comuns quando pensamos no Apocalipse:
1. Assumimos a ideia de que o livro foi escrito de forma cronológica. O Apocalipse não foi escrito de forma cronológica, ou seja, os eventos e

imagens narradas no livro não seguem uma regra cronológica, portanto, ao assumir a perspectiva de que os eventos seguirão uma determinada ordem, nos vemos induzidos ao erro. 2. Assumimos a ideia literal do texto sem considerar que o livro é, em sua boa parte, escrito numa linguagem figurativa. 3. Não levamos em conta o conteúdo do texto em Apocalipse. Do que este livro trata verdadeiramente?

É preciso resolver estes três pontos antes de caminharmos em nossa análise sobre os sinais dos tempos: 1. A revelação do Apocalipse não foi dada a João de forma cronológica e em sequência. Os eventos são vistos e narrados pelo autor de forma isolada, ou seja, as unidades do livro não se encaixam como um puzzle. A forma mais prática pela qual percebi ser possível compreender a forma como o autor escreveu o texto, é como se ele estivesse numa galeria de artes plásticas e a medida em que ele move-se de uma pintura para outra, João narra o que via, e assim movia-se para a outra imagem, sem que houvesse necessariamente uma ligação entre uma figura e outra. 2. Um dos grandes desafios dos leitores da Bíblia é compreender e aceitar o gênero em que cada livro foi escrito. Não podemos supor que o Apocalipse trata-se de uma narrativa tal como o evangelho de Lucas. O livro do Apocalipse tem sem próprio gênero literário e deve ser lido e estudado dentro desta perspetiva, portanto, gênero profético e rico em linguagem figurativa.

Logo no início do livro o autor deixa claro a natureza do livro:

> "Revelação de Jesus Cristo, que Deus lhe deu para mostrar aos seus servos as coisas que em breve devem acontecer e que ele, enviando por intermédio do seu anjo, notificou ao seu servo João, o qual atestou a palavra de Deus e o testemunho de Jesus Cristo, quanto a tudo o que viu." (Ap 1:1).

Enfatizamos aqui as palavras "revelação" e a palavra "viu". O sentido original da palavra revelação - αποκαλυψις (apokalupsis) designa a ideia de alguma coisa nova, ou seja, a revelação que João receberia, os eventos que ele via, eram completamente novos, portanto, desconhecidos. Então precisamos entender aqui que João não viu algo que ele já conhecia, mas sim algo novo. Já o sentido da palavra viu - ειδω (eido) designa a ideia de percepção, ou seja, João viu algo e narrou o que viu segundo seu próprio entendimento. Veja que nossa tarefa é extremamente delicada, pois é chegar às conclusões sobre a interpretação do autor, e não necessariamente o que ele viu. Nós não temos a visão de João, mas a sua interpretação ou percepção do que viu. 3. Do que se trata o livro do Apocalipse? "... (1) É constituído por profecias dadas em visões elaboradas, (2) que inclui muitos símbolos, (3) um anjo foi visto frequentemente nas visões e freqüentemente deu interpretações, e (4) que inclui mensagens sobre o futuro distante."[1]

Quero contudo salientar que não estou colocando em questão o cumprimento literal das profecias bíblicas, até porque a maioria das profecias que já se cumpriram, cumpriram-se literalmente. No entanto, as figuras, imagens e eventos narrados no Apocalipse devem ser considerados dentro da perspetiva cognitiva do autor bíblico.

Notas:
[1] Donald K. Campbell, "Foreword," in Basic Bible Interpretation: A Practical Guide to Discovering Biblical Truth, ed. Craig Bubeck Sr. (Colorado Springs, CO: David C. Cook, 1991), 243.

Os sinais dos tempos

Se desejamos compreender melhor "os sinais dos tempos" precisamos recorrer aos evangelhos e procurar perceber o que Jesus falou sobre este assunto. Neste caso, Mateus 24:3-14, tem uma função fundamental neste processo. Algumas Bíblias trazem o termo "consumação do século" (v.3) ao referir-se ao fim, já a BKJ diz "final dos tempos", a versão Almeida Corrigia e Revisada Fiel diz "fim do mundo", A Mensagem diz "desfecho de tudo". No entanto, a versão mais próxima do original neste particular, é a BKJ que traduziu como "final dos tempos", a versão inglesa é ainda melhor, pois diz "periodo" - αιων (aion). Este por menor é importante, pois nos permite entender que na verdade Jesus falava não do fim do mundo propriamente dito, mas do fim de um período. Este período pode ser compreendido na forma como a história é dividida, e aqui usaremos um adjetivo congênere que é a palavra "era". Então nós temos por exemplo a "Era do Ferro", "Era do Bronze", "Era do Gelo", etc. Isto significa que a forma mais apropriada de entender o que Jesus quiz dizer é que ele disse "no final desta era". Qual era? Entendo que se trata da sua própria era, ou seja, Jesus chamou a atenção dos seus ouvintes para atentarem para o final daquela era em que viviam, e se podemos dar um nome em particular para aquela era talvez seja "a era do último templo em Jerusalém".

Como podemos deduzir isto? Olhando a mensagem paralela a este texto que está em Lucas 21:20-24:

> "Quando, porém, virdes Jerusalém sitiada de exércitos, sabei que está próxima a sua devastação. Então, os que estiverem na Judéia, fujam para os montes; os que se encontrarem dentro da cidade, retirem-se; e os que estiverem nos campos, não entrem nela. Porque estes dias são de vingança, para se cumprir tudo o que está escrito. Ai das que estiverem grávidas e das que amamentarem naqueles dias! Porque haverá grande aflição na terra e ira contra este povo. Cairão a fio de espada e serão levados cativos para todas as nações; e, até que os tempos dos gentios se completem, Jerusalém será pisada por eles."

Jesus está dando um aviso aos seus

seguidores, dizendo-lhes o que fazer quando eles vêem os exércitos ao redor de Jerusalém. O conselho que ele dá é completamente contra-intuitivo para o habitual, que no caso de uma invasão, as pessoas saem de suas casas e fogem para um refúgio seguro em uma cidade murada. No mundo antigo os muros foram construídos como uma defesa contra os invasores.

Segundo R. C. Sproul, quando Jesus pronunciou estas palavras, as muralhas de Jerusalém tinham 45 metros de altura. "Quando os romanos atacaram Jerusalém em 70 dC, eles tiveram que cercar a cidade, e mesmo com seu poderio militar, eles tiveram uma tarefa hercúlea para atravessar aquelas muralhas. O cerco durou muitos meses, até o final da luta, o Monte das Oliveiras, ficou completamente nu, sem suas oliveiras, pois os soldados romanos acampados no monte cortaram todas as árvores para queimar ao redor do muro para fazer calor dentro da cidade".[2]

A recomendação de Jesus era que as pessoas deveriam correr para qualquer sítio em busca de abrigo, menos Jerusalém. Quando os romanos finalmente conseguiram entrar em Jerusalém, mas de um milhão de judeus foram mortos. Observe o verso 24 de Lucas 21 uma vez mais: "Cairão a fio de espada e serão levados cativos para todas as nações; e, até que os tempos dos gentios se completem, Jerusalém será pisada por eles." Não é impressionante como Jesus descreveu exatamente como seria o fim daquela "era"? R. C. Sproul escreveu algo interessante:

> "Nunca vou esquecer o dia em que assisti ao noticiário em 1967, como os judeus lutavam pela cidade de Jerusalém. Quando chegaram ao Muro das Lamentações, os soldados judeus jogaram seus rifles e correram até a última parede que sobreviveu do templo e começaram a orar. Chorei porque o que eu estava vendo era tão incrível. Foi este o cumprimento de Lucas 21? Os estudiosos da Bíblia estavam lendo a Bíblia em uma mão e um jornal na outra e perguntando: "Será que estamos agora perto do fim dos tempos dos gentios?
> No Sermão do Monte, quando Jesus falou sobre "o fim dos tempos," Estou convencido de que Ele não falava sobre o fim do mundo, mas sobre o fim da era judaica. Quando Jerusalém caiu, a era dos judeus, que iniciou-se com Abraão e foi

até o ano 70 dC. Com isto Jesus marcou o início da era dos gentios."[3]

Jesus não estava falando apenas de uma era que seus ouvintes presenciariam, mas de eventos que ocorreriam mesmo dois mil anos depois. Jesus falou da queda de Jerusalém, falou da destruição do templo, da perseguição e morte dos cristãos e quando olhamos para a história, cada uma destas coisas aconteceram com surpreendente precisão.

Jesus falou de muitas outras coisas como "... virão muitos em meu nome, dizendo: Eu sou o Cristo, e enganarão a muitos. E, certamente, ouvireis falar de guerras e rumores de guerras; vede, não vos assusteis, porque é necessário assim acontecer, mas ainda não é o fim. Porquanto se levantará nação contra nação, reino contra reino, e haverá fomes e terremotos em vários lugares; porém tudo isto é o princípio das dores." (Mt 24:5-8) Será que ja temos visto algumas destas coisas? Elas têm acontecido diante dos nossos olhos tal como o que ocorreu em Jerusalém no ano 70 dC., mas estamos distraídos demais para perceber tais eventos.

Uma coisa é certa, Cristo está voltando, não sei o dia e nem a hora, mas ele está voltando.

Como ele te encontrará quando voltar? Jesus disse: "Aquele, porém, que perseverar até o fim, esse será salvo." (Mt 24:13) Que ele nos encontre perseverantes quando vier. Maranata!

Notas:
[2] R. C. Sproul, Are These the Last Days?, First edition., vol. 20, The Crucial Questions Series (Orlando, FL; Sanford, FL: Reformation Trust; Ligonier Ministries, 2014), 13–14.
[3] Idem, 15.

A grande tribulação

Como já percebemos nos capítulos passados a doutrina das últimas coisas ou escatologia, não é de fácil percepção, pois trata-se de assuntos futuros, sobre os quais nosso conhecimento e interpretação são limitados. Uma coisa é interpretar eventos passados narrados nos textos bíblicos, outra coisa bem diferente é tratar e interpretar eventos que ainda não aconteceram e sobre os quais nosso conhecimento e informações são muito limitados, portanto, quero encorajá-lo com uma palavra: "Você não conseguirá chegar à todas as conclusões sobre este assunto, nenhum de nós chegará, mas está tudo bem que assim seja, o que de fato precisamos ter certeza é se somos salvos, se pertencemos a Cristo e se desfrutaremos glória prometida."

A profanação do Templo

No ano de 168 a.C., Antíoco IV Epifânio teve a audácia de construir um altar pagão no lugar do templo judaico e em vez de sacrificar touros, cabras ou ovelhas, ele profanou o templo, sacrificando um porco. Esta foi a blasfêmia mais audaciosa contra a religião judaica, porque os judeus viam e vêem os porcos como animais impuros. Esta atitude provocou uma das revoluções judaicas mais importantes contra dominadores estrangeiros.

Os judeus sempre acreditaram que o templo era sagrado, porque se tratava da habitação de Deus na terra, portanto, para os judeus o templo era o lugar mais sagrado que pudesse existir no mundo. É possível até recordar que quando o Apóstolo Paulo retornou de sua última viagem missionária como homem livre, ele foi preso dentro do Templo acusado de facilitar a entrada de gentios naquele espaço.

Os judeus viram nesta atrocidade comet idea por Antíoco o cumprimento de uma profecia encontrada no livro de Daniel que se refere à "abominação da desolação" ou a "abominação desoladora" (Dn 9:27; 11:31; 12:11).

> "Ele fará firme aliança com muitos, por uma semana; na metade da semana, fará cessar o sacrifício e a oferta de manjares; sobre a asa das abominações virá o assolador, até que a destruição, que está determinada, se derrame sobre ele." -

(Dn 9:27)

"Dele sairão forças que profanarão o santuário, a fortaleza nossa, e tirarão o sacrifício diário, estabelecendo a abominação desoladora." - (Dn 11:31)

"Depois do tempo em que o sacrifício diário for tirado, e posta a abominação desoladora, haverá ainda mil duzentos e noventa dias." - (Dn 12:11)

Vejamos o que disse Jesus no Monte das Oliveiras:

"Quando, pois, virdes o abominável da desolação de que falou o profeta Daniel, no lugar santo (quem lê entenda), então, os que estiverem na Judéia fujam para os montes; quem estiver sobre o eirado não desça a tirar de casa alguma coisa; e quem estiver no campo não volte atrás para buscar a sua capa. Ai das que estiverem grávidas e das que amamentarem naqueles dias! Orai para que a vossa fuga não se dê no inverno, nem no sábado; porque nesse tempo haverá grande tribulação, como desde o princípio do mundo até agora não tem havido e nem haverá jamais. Não tivessem aqueles dias sido abreviados, ninguém seria salvo; mas, por causa dos escolhidos, tais dias serão abreviados. Então, se alguém vos disser: Eis aqui o Cristo! Ou: Ei-lo ali! Não acrediteis; porque surgirão falsos cristos e falsos profetas operando grandes sinais e prodígios para enganar, se possível, os próprios eleitos. Vede que vo-lo tenho predito. Portanto, se vos disserem: Eis que ele está no deserto!, não saiais. Ou: Ei-lo no interior da casa!, não acrediteis. Porque, assim como o relâmpago sai do oriente e se mostra até no ocidente, assim há de ser a vinda do Filho do Homem. Onde estiver o cadáver, aí se ajuntarão os abutres." - (Mt 24:15-28)

As palavras "abominação da desolação" são cruciais para compreendermos o cumprimento da profecia de Daniel. A atitude de Antíoco foi certamente abominável, mas aqui precisamos compreender uma coisa. Daniel e Jesus falaram deste evento como algo que aconteceria no futuro, no entanto para nós, que já passamos daquela era, trata-se de um evento passado. Isto significa que ao lermos Daniel 9 e Mateus 24 temos que compreender que embora os autores originais profetizaram estes acontecimento como algo por vir, nós ao olharmos para eles devemos compreender como algo que já aconteceu.

Vejamos alguns acontecimentos referentes ao Templo:

- No ano 40 d.C. o Imperador Calígula mandou erguer uma estatua de si mesmo e colocá-la dentro do Templo, convocando o povo judeu para a idolatria.
- No ano 69 d.C. os zelotes, uma seita judaico política estabelecida por Judas, o Galileu e que nada tem a ver com o termo "zelo" e sim com o termo "imitadores", invadiram Jerusalém, expulsaram os romanos e cometeram toda sorte de abominações dentro do Templo.
- No ano 70 d.C. os romanos invadem Jerusalém, derrotam os zelotes, matam aproximadamente um milhão de judeus e destroem o Templo.

Com bases nestes eventos históricos podemos perceber que Jesus falou em Mateus 24 sobre uma tribulação que aconteceria nos dias que viriam e não em eventos que aconteceriam num futuro distante. Sendo assim, temos aqui algo muito importante: eventos que muitos esperam que ainda aconteçam como sinais da vinda de Cristo, na verdade já ocorreram, isto implica em entender que estamos com uma hermenêutica atrasada e que Cristo está mais próximo da sua vinda do que nós imaginamos. Não sei quando, nem exatamente como, mas ele cedo vem!

No entanto a profanação do Templo não foi o único sinal que Jesus nos deixou, ele disse ainda:

Os dias abreviados

> "… porque nesse tempo haverá grande tribulação, como desde o princípio do mundo até agora não tem havido e nem haverá jamais. Não tivessem aqueles dias sido abreviados, ninguém seria salvo; mas, por causa dos escolhidos, tais dias serão abreviados." - (Mt 24:21-22)

Flavious Josephus registou em seus livros que a agitação política em Roma realmente encurtou o cerco destrutivo de Jerusalém no ano

70 d.C., permitindo que mais pessoas sobrevivessem do que normalmente teria sido esperado. Com base no que sabemos desse período de tempo, parece claro que Jesus estava falando de um evento perto de futuro para sua audiência original, e não de séculos à frente.[4]

"Depois da queda de Jerusalém 70 dC, Massada resistiu por três anos, defendida por várias centenas de revolucionários judeus, os zelotes, sob o comando de Eleazar ben Yair, que estava convicto de que Massada nunca seria capturada. No entanto, os legionários romanos foram e a sitiaram, dentro de poucos meses eles construíram uma rampa com 122 metros de altura, a partir da qual foram finalmente capazes de romper as paredes impenetráveis com suas máquina de guerra.

Na noite antes de assalto final dos romanos, Eleazar, em um discurso inflamado, ordenou às suas tropas para matar suas próprias famílias e cometerem suicídio. Quando o inimigo entrou na fortaleza na manhã seguinte, eles encontraram cerca de mil corpos deitados em fileiras. Apenas duas mulheres e algumas crianças, que tinham escondido-se em uma cisterna, permaneceram vivas para explicar o que tinha acontecido. Em vez de sentir eufóricos com a vitória, os legionários ficaram pasmos diante do cenário de morte.

Um dos lemas do exército israelense moderno é Massada não cairá novamente!"[5]

Os falsos cristos e seus milagres

> " Então, se alguém vos disser: Eis aqui o Cristo! Ou: Ei-lo ali! Não acrediteis; porque surgirão falsos cristos e falsos profetas operando grandes sinais e prodígios para enganar, se possível, os próprios eleitos." - (Mt 24:23-24).

Existe uma visão errada de que Satanás pode fazer milagres autêntico na igreja, mas não é bem assim que o texto quer nos mostrar. No Novo Testamento, os escritores apostólicos apelavam para os milagres de Jesus realizados através dos apóstolos como prova de que eles eram os verdadeiros agentes da revelação de Deus. Os milagres eram a prova visível de que Deus estava com eles. Portanto, Satanás não pode realizar milagre, na visão do Novo Testamento para autenticar a mensagem falsa que tem sido pregada, caso contrário, como os cristãos saberiam que quando um milagre acontece ele é uma obra de Deus ou de Satanás. É preciso compreender que assim como é falsa a mensagem pregada pelos falsos profetas e falsos cristos, assim também são falsos os seus milagres. Como bem disse R. C. Sproul, é malandragem! Truques para enganar, e veja bem, esses truques são tão bem feitos e o engano tão sutil que podem inclusive enganar até os escolhidos.

Os abutres

> "Portanto, se vos disserem: Eis que ele está no deserto!, não saiais. Ou: Ei-lo no interior da casa!, não acrediteis. Porque, assim como o relâmpago sai do oriente e se mostra até no ocidente, assim há de ser a vinda do Filho do Homem. Onde estiver o cadáver, aí se ajuntarão os abutres." - (Mt 24:26-28)

Quando Jesus vier novamente, este momento será como um relâmpago que instantaneamente atravessa o céu. O que significa que você não tem sequer tempo para medir sua duração deste evento, será literalmente como num abrir e fechar de olhos.

A última parte do texto faz referência a

abutres, todos nós sabemos que onde há corpos em decomposição ai há abutres. Há aqui neste texto algo interessantíssimo, que é a palavra "abutres", no entanto, no original a palavra que aparece é "águias". Os tradutores escolheram utilizar a palavra abutres, tendo em vista que a águia não sai em busca de corpos em decomposição. Curiosamente, o principal símbolo do exército romano era uma águia, o que nos leva a deduzir que o uso da palavra águias por Jesus tem a ver com o exercito romano que massacrou milhares e milhares de judeus na queda de Jerusalém, este pelo menos é consenso comum entre os estudiosos. E de forma magnífica vemos aqui mais uma vez o cumprimento literal das palavras de Jesus.

Como podemos perceber, os sinais da vinda de Cristo estão ai diante de nossos olhos, mas estamos preparados para isto? Quantos cristãos encontram-se como as cinco virgens imprudentes, que sem saber a hora da vinda do noivo, resolveram viver de qualquer maneira. Jesus virá! E sua vinda será tão rápida, tal como um relâmpago que atravessa o céu. Que ele nos possa encontrar preparados para este dia!

Notas:
[4] Ibidem, 26–27.
[5] Desmond Seward, Jerusalem's Traitor: Josephus, Masada, and the Fall of Judea (Cambridge, MA: Da Capo Press, ©2009), 9, accessed December 14, 2014, http://site.ebrary.com/id/10303241.

A vinda do Filho do Homem

Em Mateus 24:29-31 nós lemos:

> "Logo em seguida à tribulação daqueles dias, o sol escurecerá, a lua não dará a sua claridade, as estrelas cairão do firmamento, e os poderes dos céus serão abalados. Então, aparecerá no céu o sinal do Filho do Homem; todos os povos da terra se lamentarão e verão o Filho do Homem vindo sobre as nuvens do céu, com poder e muita glória. E ele enviará os seus anjos, com grande clangor de trombeta, os quais reunirão os seus escolhidos, dos quatro ventos, de uma a outra extremidade dos céus."

Quando pensamos neste texto em comparação com os versos anteriores de 15 à 28, parece-nos que deparamo-nos finalmente com um obstáculo sobre o cumprimento profético sobre o que Jesus se referiu como sinais que envolveram os astros celestes como as estrelas, lua e o até mesmo o sol. É possível que alguém diga: "Sim, tudo bem, é possível chegar a plausíveis conclusões sobre os versos 15 à 28, no que se refere a queda de Jerusalém, dispersão e extermínio dos judeus e a destruição do templo, mas o que dizer destes sinais no céu? O sol, a lua e as estrelas ainda estão ai!"

Em primeiro lugar temos que admitir que estes versos de 29 à 31 são de fato um desafio hermenêutico, portanto, vamos observar algumas interpretações sobre este texto à partir de duas diferentes posições e por fim procuraremos nos fixar naquilo que entendemos ser a interpretação mais viável.

Interpretação figurativa

Uma hipótese levantada por alguns teólogos é que este texto trata-se inteiramente de uma linguagem figurativa, portanto, devemos buscar uma interpretação espiritual sobre estes eventos anunciados e não assumirmos uma interpretação literal sobre esta passagem.

Esta interpretação ao meu ver não é coerente, pois se assumimos que os versos de 15 à 28 trazem uma interpretação historicamente literal, como podemos assumir que subitamente os versos de 29 à 31 trazem uma interpretação meramente figurativa e de aplicação espiritual?

Tenho dificuldade com uma mudança hermenêutica tão abrupta. Então ao meu ver esta interpretação não é coerente.

Interpretação literal

Uma outra hipótese é assumirmos uma interpretação literal e buscarmos provas de que assim como os versos 15 à 28 aconteceram num tempo próximo ao de Cristo. Neste caso podemos fazer uso mais uma vez dos registos históricos de Flavius Josephus onde ele descreve algo interessante que aconteceu no céu naqueles dias de grande tribulação que envolveu o povo judeu:

"Além desses [sinais nos céus], alguns dias após a festa, no dia vinte e um do mês, um certo fenômeno prodigioso e incrível ocorreu ou apareceu: Suponho que o relato deste parece ser uma fábula, e não foram relatados por aqueles que de fato viram o que se passou, e não foram os eventos que se seguiram algo atribuído a natureza; antes do sol poente, carros e tropas de soldados em suas armaduras foram vistos correndo por entre as nuvens, e em torno das cidades.

Além disso, por ocasião da festa que

chamamos de Pentecostes, os sacerdotes caminhavam à noite até o [pátio do templo] como era seu costume, para desempenhar suas funções sacerdotais, foi quando um sacerdote relatou que, em primeiro lugar sentiam um tremor, e depois ouviu-se um grande estrondo, onde ouviram um som como o de uma grande multidão, dizendo: "Vamos retirá-los daí.'"[6]

Se aceitarmos a narrativa de Flavius Josephus como evidencia, então podemos pressupor que embora o relato não seja de todo satisfatório, temos alguma coisa na qual podemos pôr nossa interpretação.

No seu livro The Jewish War, Flavius Josephus relata ainda que "... uma estrela em forma de espada que pairou sobre Jerusalém, um cometa que ficou visível no céu por um ano ..."[7] Estas, portanto, seriam evidências plausíveis numa interpretação meramente literal, mas ainda assim teríamos que resolver a questão relativa da segunda vinda de Cristo, como observamos no versículo trinta onde podemos ler: "... e verão o Filho do Homem vindo sobre as nuvens do céu, com poder e muita glória."

Esta interpretação literal nos pressupostos apresentados, embora satisfaçam algumas dúvidas, não é de todo satisfatória. E aqui terei que discordar de alguns teólogos que assumem esta posição.

Uma busca interpretação plausível

O melhor que posso fazer com esta passagem, e acredito ser o correto, é adotar o método exegético histórico-gramatical, sem especular sobre aquilo que não sabemos, mas não não banalizar simplesmente por nos ser desconhecido. Na verdade, creio que este texto traz um pouco de um aspecto literal e um pouco de um aspecto figurativo. Os assuntos relacionados à doutrina das últimas coisas tendem a levar pessoas tanto para uma interpretação repleta de especulação e fabulas, como também para o ceticismo e desprezo para com aquilo que sempre fez parte da fé da Igreja. Vejamos o que nos diz a o Catecismo Maior e A Confissão de Fé Batista de Londres:

> "… o dia e a hora do qual homem nenhum sabe, para que todos vigiem, orem e estejam sempre prontos para a vinda do Senhor." (Catecismo Maior de Westminster)

"... Cristo deseja que estejamos bem persuadidos de que haverá um dia de juízo, para que os homens se afastem do pecado, e para que os justos tenham maior consolação em suas adversidades. Ele também deseja que esse dia não seja conhecido dos homens, até que venha, a fim de que eles se despojem de toda confiança carnal e estejam sempre vigilantes, por não saberem a que hora o Senhor virá; e que possam sempre estar preparados para dizer " Vem, Senhor Jesus, vem sem demora". Amém." (A Confissão de Fé Batista de Londres de 1689)

No entanto, apesar das evidências bíblicas e da fé apostólica, dos pais da igreja e reformadores, temos teólogos como Helmut Thieliche que diz em seu livro sobre os credos cristãos: "Claro que não acredito no chamado "Retorno de Cristo", nem no chamado "Juízo Final". Como eu poderia?"[8]

Mas também temos bons teólogos reformados que possuem uma perspectiva diferente, tal como Daniel J. Lewis que diz: "Se escatologia impecável não é obrigatória, nem possível, que atitudes devem os cristãos cultivar e considerar sobre o fim? Acima de tudo, eles devem apresentar uma expectativa empolgante do retorno de Cristo. A segunda vinda de Jesus é a bendita esperança da Igreja (Cl 1:27; 1 Tm 1: 1; Tt 1: 2; 2:13; 3: 7). Ainda mais, a segunda vinda de Jesus é a esperança de toda a criação, que agora geme em seu atual estado de decadência, uma vez que espera a liberdade suprema que Deus prometeu (Rm 8: 18-25)."[9]

Em concordância de que a segunda vinda de Cristo é uma realidade inegável na Escritura, observaremos alguns detalhes de Mateus 24:29-31:

O sol escurecerá

O sol referido neste texto é a glória do próprio Deus, à sua Shekinah, ou a presença divina como acreditavam os judeus que esta estava no templo. Em Apocalipse temos referências interessantes sobre a glória de Deus:

> "E a cidade não necessita de sol nem de lua, para que nela resplandeçam, porque a glória de Deus a tem iluminado, e o Cordeiro é a sua lâmpada." (Ap 21:23)

"E ali não haverá mais noite, e não necessitarão de lâmpada nem de luz do sol, porque o Senhor Deus os ilumina; e reinarão para todo o sempre." (Ap 22:5)

A glória de Deus é descrita na Escritura como sol e escudo (Sl 84:11), e ela encheu o tabernáculo, quando este foi erguido; e o mesmo se passou no templo quando este foi construído e dedicado; no santo dos santos, Deus assumiu a sua residência. Os judeus perceberam que quando o templo foi destruída a glória de Deus deixou de brilhar em Jerusalém e em toda a terra, o que segundo eles, só voltará a acontecer quando o templo for reconstruído.

A lua não dará a sua claridade

É interessante perceber que a observância das novas luas era parte importante da religião judaica, e as suas festas eram reguladas pela lua. No entanto esta observância não foi mantida pelos judeus, depois que o templo foi destruído e todos os sacrifícios que aconteciam diariamente no templo por um período de quase seiscentos anos estava agora terminado.

E verão o Filho do Homem vindo sobre as nuvens do céu, com poder e muita glória

Quando o mundo foi destruído por água, nos dias de Noé, a destruição veio sobre a terra nas nuvens do céu; e assim será quando Cristo vier outra vez. Ele virá com poder e grande glória. Vejamos o que escreveu Daniel no capítulo sete versos treze e catorze: "Eu estava olhando nas minhas visões da noite, e eis que vinha com as nuvens do céu um como o Filho do Homem, e dirigiu- se ao Ancião de Dias, e o fizeram chegar até ele. Foi- lhe dado domínio, e glória, e o reino, para que os povos, nações e homens de todas as línguas o servissem; o seu domínio é domínio eterno, que não passará, e o seu reino jamais será destruído."

Não tenho dúvidas de que Jesus deixa claro que estes versos em Mateus 24:30 e Daniel 7:13-14 referem-se a sua segunda vinda, cujo os sinais da sua aproximação começaram com a queda de Jerusalém e segue-se pela história até a conclusão do tempo dos gentios. Não sabemos quando e nem exatamente como, mas ele virá, assim como os acontecimentos descritos aconteceram fielmente segundo a sua palavra a sua vinda também será eminente. Não importa se passaram-se quase dois mil anos desde a destruição do templo até agora, para Deus o tempo é inexistente, para ele o passado, o presente e o futuro é a mesma coisa. Ele virá e neste dia ele enviará os seus anjos, com grande clangor de trombeta, os quais reunirão os seus escolhidos, dos quatro ventos, de uma a outra extremidade dos céus. (Mt 24:31)

Que possamos estar alerta para este grande evento na história da humanidade.

Notas:
[6] Ibidem, 38.
[7] Idem, 332,.
[8] Helmut Thielicke, Biblical Classics Library, vol. 38, I Believe (Carlisle: Paternoster, 1998, ©1968), 212.
[9] Daniel J. Lewis, 3 Crucial Questions About the Last Days, 3 Crucial Questions (Grand Rapids, Mich.: Baker Books, 1998), 135.

O dia e a hora

Em Mateus 24:30-31 nós lemos o seguinte texto: "Então, aparecerá no céu o sinal do Filho do Homem; todos os povos da terra se lamentarão e verão o Filho do Homem vindo sobre as nuvens do céu, com poder e muita glória. E ele enviará os seus anjos, com grande clangor de trombeta, os quais reunirão os seus escolhidos, dos quatro ventos, de uma a outra extremidade dos céus."

A segunda vinda de Cristo é um dos pilares do cristianismo e um elemento fundamental na esperança do cristão. Wayne Gruden disse que este evento "é a esperança dominante da igreja do N.T. (Novo Testamento).[10] Ao celebrar a última Ceia com seus discípulos Jesus lhes disse: "pois vos digo que, de agora em diante, não mais beberei do fruto da videira, até que venha o reino de Deus." (Lc 22:18), já em Marcos encontramos o seguinte: "Em verdade vos digo que jamais beberei do fruto da videira, até àquele dia em que o hei de beber, novo, no reino de Deus." (Mc 14:25) Em Mateus está da seguinte forma: "E digo- vos que, desta hora em diante, não beberei deste fruto da videira, até aquele dia em que o hei de beber, novo, convosco no reino de meu Pai." (Mt 26:29). A melhor forma de conciliar estes três versos é fazendo uso das doutrina paulina da Ceia do Senhor onde lemos assim: "Porque, todas as vezes que comerdes este pão e beberdes o cálice, anunciais a morte do Senhor, até que ele venha." (1 Co 11:26). O apóstolo Paulo compreendia a vinda do reino de Deus e a celebração da Ceia no reino de Deus como uma promessa para ser constantemente relembrada pelo povo de Deus como uma promessa da segunda vinda do Senhor Jesus. O teólogo Wayne Gruden diz ainda: "… devemos viver de maneira sensata, justa e piedosa nesta era presente, enquanto aguardamos a bendita esperança: a gloriosa manifestação do nosso grande Deus e Senhor Jesus Cristo." [11]

As palavras do anjo aos discípulos no dia da ascensão de Jesus foi: "E, estando eles com os olhos fitos no céu, enquanto Jesus subia, eis que dois varões vestidos de branco se puseram ao lado deles e lhes disseram: Varões galileus, por que estais olhando para as alturas? Esse Jesus que dentre vós foi assunto ao céu virá do modo como o vistes subir." (At 10:11). E ainda poderíamos rever vários textos que falam claramente sobre a segunda vinda Cristo, no entanto o espaço não nos permite, mas basta uma leitura do Novo Testamento para sermos cheios desta bendita esperança. Negar a segunda vinda do Senhor é negar um pilar fundamental do cristianismo.

Como será a segunda vinda de Cristo

Uma vez convencidos da segunda vinda de Cristo, somos despertados para os detalhes que envolverão este maravilhoso evento, e para isto descreverei algumas considerações importantes a este respeito:

Nós não sabemos o dia e nem a hora da sua vinda: "Mas a respeito daquele dia e hora ninguém sabe, nem os anjos dos céus, nem o Filho, senão o Pai." (Mt 24:36). Algumas pessoas já tentaram prever este evento, no entanto todas falharam. Este é um segredo de Deus, o qual escolheu não compartilhar com o homem, para que este nunca deixe de vigiar.

A segunda vinda de Cristo é certa: "Então, verão o Filho do Homem vir nas nuvens, com grande poder e glória. E ele enviará os anjos e reunirá os seus escolhidos dos quatro ventos, da extremidade da terra até à extremidade do céu." (Mc 13:26-27). É importante lembrar que assim como as palavras de Jesus cumpriram-se fielmente e de maneira surpreendente no que diz respeito a queda de Jerusalém e a destruição do templo, assim também será surpreendente o cumprimento das suas palavras quanto a sua segunda vinda.

A segunda vinda de Cristo será um evento repleto de júbilo para os que encontram-se preparados: "Cingido esteja o vosso corpo, e acesas, as vossas candeias. Sede vós semelhantes a homens que esperam pelo seu senhor, ao voltar ele das festas de casamento; para que, quando vier e bater à porta, logo lha abram. Bem- aventurados aqueles servos a quem o senhor, quando vier, os encontre vigilantes; em verdade vos afirmo que ele há de cingir- se, dar- lhes lugar à mesa e, aproximando- se, os servirá. Quer ele venha na segunda vigília, quer na terceira, bem-aventurados serão eles, se assim os achar. Sabei, porém, isto:se o pai de família soubesse a que hora havia de vir o ladrão, [vigiaria e] não deixaria arrombar a sua casa. Ficai também vós apercebidos, porque, à hora em que não cuidais, o Filho do Homem virá. Então, Pedro perguntou:Senhor, proferes esta parábola para nós ou também para todos? Disse o Senhor:Quem é, pois, o mordomo fiel e prudente, a quem o senhor confiará os seus conservos para dar- lhes o sustento a seu tempo? Bem-aventurado aquele servo a quem seu senhor, quando vier, achar fazendo assim. Verdadeiramente, vos digo que lhe confiará todos os seus bens. Mas, se aquele servo disser consigo mesmo:Meu senhor tarda em vir, e passar a espancar os criados e as criadas, a comer, a beber e a embriagar- se, virá o senhor daquele servo, em dia em que não o espera e em hora que não sabe, e castigá-lo-á, lançando- lhe a sorte com os infiéis. Aquele servo, porém, que conheceu a vontade de seu senhor e não se aprontou, nem fez segundo a sua vontade será punido com muitos açoites. Aquele, porém, que não soube a vontade do seu senhor e fez coisas dignas de reprovação levará poucos açoites. Mas àquele a quem muito foi dado, muito lhe será exigido; e àquele a quem muito se confia, muito mais lhe pedirão." (Lc 12:35-40).

A segunda vinda de Cristo será também o momento do julgamento dos descrentes: E, embora tivesse feito tantos sinais na sua presença, não creram nele, para se cumprir a palavra do profeta Isaías, que diz:Senhor, quem creu em nossa pregação? E a quem foi revelado o braço do Senhor? Por isso, não podiam crer, porque Isaías disse ainda: Cegou- lhes os olhos e endureceu- lhes o coração, para que não vejam com os olhos, nem entendam com o coração, e se convertam, e sejam por mim curados. Isto disse Isaías porque viu a glória dele e falou a seu respeito. Contudo, muitos dentre as próprias autoridades creram nele, mas, por causa dos fariseus, não o confessavam, para não serem expulsos da sinagoga; porque amaram mais a glória dos homens do que a glória de Deus. E Jesus clamou, dizendo: Quem crê em mim crê, não em mim, mas naquele que me enviou. E quem me vê a mim vê aquele que me enviou. Eu vim como luz para o mundo, a fim de que todo aquele que crê em mim não permaneça nas trevas. Se alguém ouvir as minhas palavras e não as guardar, eu não o julgo; porque eu não vim para julgar o mundo, e sim para salvá-lo. Quem me rejeita e não recebe as minhas palavras tem quem o julgue; a própria palavra que tenho proferido, essa o julgará no último dia. Porque eu não tenho falado por mim mesmo, mas o Pai, que me enviou, esse me tem prescrito o que dizer e o que anunciar. E sei que o seu mandamento é a vida eterna. As coisas, pois, que eu falo, como o Pai mo tem dito, assim falo." (Jo 12:37-50).

Na segunda vinda de Cristo nós seremos levados para viver com ele eternamente: "Não se turbe o vosso coração; credes em Deus, crede também em mim. Na casa de meu Pai há muitas moradas. Se assim não fora, eu vo- lo teria dito. Pois vou preparar- vos lugar. E, quando eu for e vos preparar lugar, voltarei e vos receberei para mim mesmo, para que, onde eu estou, estejais vós também." (Jo 14:1-3).

Na segunda vinda de Cristo os crentes que estiverem mortos ressuscitarão e todos nós teremos nossos corpos transformados em corpos incorruptíveis: "Eis que vos digo um mistério:nem todos dormiremos, mas transformados seremos todos, num momento, num abrir e fechar de olhos, ao ressoar da última trombeta. A trombeta soará, os mortos ressuscitarão incorruptíveis, e nós seremos transformados. Porque é necessário que este corpo corruptível se revista da incorruptibilidade, e que o corpo mortal se revista da imortalidade. E, quando este corpo corruptível se revestir de incorruptibilidade, e o que é mortal se revestir de imortalidade, então, se cumprirá a palavra que está escrita: Tragada foi a morte pela vitória. Onde está, ó morte, a tua vitória? Onde está, ó morte, o teu aguilhão? O aguilhão da morte é o pecado, e a força do pecado é a lei. Graças a Deus, que nos dá a vitória por intermédio de nosso Senhor Jesus Cristo. Portanto, meus amados irmãos, sede firmes, inabaláveis e sempre abundantes na obra do Senhor, sabendo que, no Senhor, o vosso trabalho não é vão. (1 Co 15:51-57).

A segunda vinda de Cristo será um evento visível e glorioso: "Porquanto o Senhor mesmo, dada a sua palavra de ordem, ouvida a voz do arcanjo, e ressoada a trombeta de Deus, descerá dos céus, e os mortos em Cristo ressuscitarão primeiro; depois, nós, os vivos, os que ficarmos, seremos arrebatados juntamente com eles, entre nuvens, para o encontro do Senhor nos ares, e, assim, estaremos para sempre com o Senhor. Consolai-vos, pois, uns aos outros com estas palavras." (1 Ts 4:16-18).

Continuaremos a servir a Cristo até o seu retorno: "Ora, o fim de todas as coisas está próximo; sede, portanto, criteriosos e sóbrios a bem das vossas orações. Acima de tudo, porém, tende amor intenso uns para com os outros, porque o amor cobre multidão de pecados." (1 Pe 4:7-8).

Aguardaremos pacientemente pela segunda vinda do Senhor: "Há, todavia, uma coisa, amados, que não deveis esquecer:que, para o Senhor, um dia é como mil anos, e mil anos, como um dia. Não retarda o Senhor a sua promessa, como alguns a julgam demorada; pelo contrário, ele é longânimo para convosco, não querendo que nenhum pereça, senão que todos cheguem ao arrependimento. Virá, entretanto, como ladrão, o Dia do Senhor, no qual os céus passarão com estrepitoso estrondo, e os elementos se desfarão abrasados; também a terra e as obras que nela existem serão atingidas. Visto que todas essas coisas hão de ser assim desfeitas, deveis ser tais como os que vivem em santo procedimento e piedade, esperando e apressando a vinda do Dia de Deus, por causa do qual os céus, incendiados, serão desfeitos, e os elementos abrasados se derreterão. Nós, porém, segundo a sua promessa, esperamos novos céus e nova terra, nos quais habita justiça." (2 Pe 3:8-13).

A segunda vinda de Cristo acontecerá

brevemente: "Aquele que dá testemunho destas coisas diz:Certamente, venho sem demora. Amém! Vem, Senhor Jesus!" (Ap 22:20).

A minha oração é que possamos estar preparados quer para a segunda vinda do Senhor ou para a nossa partida deste mundo, quando comparecermos diante de Cristo, a quem daremos conta de todas as nossas ações e palavras.

Notas:
[10] Wayne Grudem, Manual de Teologia Sistemática: Uma Introdução Aos Princípios da Fé Cristã (São Paulo (SP): Vida, 2001), 472.
[11] Idem, 472.

Conclusão

Este breve ensaio tem por objetivo tratar daquilo que percebemos ser elementar no que diz respeito aos tempos do fim. Evidentemente que deixamos de fora muitos outros textos e procuramos no concentrar na passagem de Mateus 24:15-31. Evitamos também elementos de debate teológico, como o milênio, o anticristo, a besta, etc. Alguns destes pontos são confusos e algumas vezes para fazerem sentido é preciso não apenas uma única posição teológica, mas a junção de elementos de algumas destas posições. Esperamos contudo, que este ensaio possa ter lhe ajudado a esclarecer alguns pontos do evento principal, a volta de Jesus, como o grande evento aguardado com grande expectativa pelos santos.

Bibliografia

Daniel J. Lewis, 3 Crucial Questions About the Last Days, 3 Crucial Questions (Grand Rapids, Mich.: Baker Books, 1998).

Donald K. Campbell, "Foreword," in Basic Bible Interpretation: A Practical Guide to Discovering Biblical Truth, ed. Craig Bubeck Sr. (Colorado Springs, CO: David C. Cook, 1991).

Desmond Seward, Jerusalem's Traitor: Josephus, Masada, and the Fall of Judea (Cambridge, MA: Da Capo Press, ©2009), 9, accessed December 14, 2014, http://site.ebrary.com/id/10303241.

Helmut Thielicke, Biblical Classics Library, vol. 38, I Believe (Carlisle: Paternoster, 1998, ©1968).

R. C. Sproul, Are These the Last Days?, First edition., vol. 20, The Crucial Questions Series (Orlando, FL; Sanford, FL: Reformation Trust; Ligonier Ministries, 2014).

Wayne Grudem, Manual de Teologia Sistemática: Uma Introdução Aos Princípios da Fé Cristã (São Paulo (SP): Vida, 2001).

Autor

Luis Ribeiro Alexander Branco, nasceu na cidade de Petrópolis, RJ, Brasil. É casado, pai de duas lindas meninas, poeta e clérigo. Possui uma Licenciatura em Estudos Bíblicos e Teologia, Mestre em Administração de Igreja e Liderança, um grau de Doutor em Ministério e tem prosseguido num Doutorado em Filosofia. Ele é membro da Society of Christian Philosophers, membro da Sociedade Brasileira dos Poetas Aldravianistas, membro do Movimiento Poetas Del Mundo, membro da União Brasileira de Escritores e membro da Academia de Letras e Artes Lusófonas, é filiado à Junta de Missões da Convenção Batista Nacional, tendo atuado em diversos países, o que deu-lhe uma fascinante experiência transcultural. Sua teologia é reformada e como poeta tem um estilo melancólico.

Luis é um humanista caracterizado pela idéia de que o homem tem a sua verdadeira essência no conhecimento de Deus. Seu trabalho é composto de servir como pastor residente, professor em um seminário e escritor de artigos e livros sobre diversos assuntos. Ele vive em Lisboa, com sua família.

Obras Autor

Branco, Luis. Verdade Na Prática: Textos Selecionados (Portuguese Edition). Lisbon: Lulu.com, 2013.

Branco, Luis A R Maria: a Mãe de Deus (Portuguese Edition). Lisbon: CreateSpace Independent Publishing Platform, 2013.

_____. Verdade Na Prática: Textos Selecionados (Portuguese Edition). Lisbon: CreateSpace Independent Publishing Platform, 2013.

Branco, Luis Alexandre Ribeiro. 2014. O Pessimismo Nacional:. Primeira ed. Lisboa: CreateSpace Independent Publishing Platform.

_____. Brasil: Manifesto Silencioso (Portuguese Edition). Lisbon: CreateSpace Independent Publishing Platform, 2014.

_____. Espiritualidade:. Lisbon: CreateSpace Independent Publishing Platform, 2012.

_____. Israel e a Igreja: Uma Perspectiva Do Significado de Israel Para a Igreja (Portuguese Edition). Lisboa: CreateSpace Independent Publishing Platform, 2013.

_____. Israel e a Igreja: Uma Perspectiva Do Significado de Israel Para a Igreja (Portuguese Edition). Lisboa: CreateSpace Independent Publishing Platform, 2013.

_____. Justiça, Uma Perspectiva Bíblica (Portuguese Edition). Lisbon: lulu.com, 2014.

_____. Justiça: Uma Perspectiva Bíblica (Portuguese Edition). Lisbon: CreateSpace Independent Publishing Platform, 2010.

_____. Manual Litúrgico e Eclesiástico. 2nd ed. Lisbon: Lulu.com, 2014.

_____. Manual Litúrgico e Eclesiástico. 2nd ed. Lisbon: Lulu.com, 2014.

_____. My Simple Verses. Lisbon: CreateSpace Independent Publishing Platform, 2014.

_____. O Caminho Para a Espiritualidade (Portuguese Edition). Lisbon: CreateSpace Independent Publishing Platform, 2011.

_____. Perguntas Pós-Modernas: Uma Perspectiva Bíblica (Portuguese Edition). Lisbon: CreateSpace Independent Publishing Platform, 2010.

_____. Poemas: Coleção Completa 2014 (Portuguese Edition). Primeira ed. Petrópolis:

Verdade na Prática, 2014.

_____. Poems: the Complete Collection. Lisbon: Verdade na Prática, 2014.

_____. Poesia (Portuguese Edition). Lisbon: Edições Verdade na Prática, 2014.

_____. Poesias, Prosas e Pensamentos (Portuguese Edition). Lisbon: CreateSpace Independent Publishing Platform, 2014.

_____. Poesias, Prosas e Pensamentos (Portuguese Edition). Lisbon: Lulu.com, 2014.

_____. Sátiras, Contos e Lendas. Lisboa: Verdade na Prática, 2014.

_____. Small Portion. Lisbon: Lulu.com, 2014.

_____. Small Portion: a Little Taste of Poetry. Lisbon: Edições Verdade na Prática, 2014.

_____. Versos Meus. Petrópolis: Clube de Autores, 2014.

Branco, Luis Alexndre Ribeiro. Aforismo (Portuguese Edition). Lisbon: CreateSpace Independent Publishing Platform, 2013.

Pezini, Jose Carlos, and Luis Alexandre Ribeiro Branco. Caminho Para a Espiritualidade. São

Paulo: Scortecci Editora, 2009.

www.ingramcontent.com/pod-product-compliance
Lightning Source LLC
Chambersburg PA
CBHW032113040426
42337CB00040B/524